어린이 지식클립은
초등학생들이 학교 공부를 토대로 세상을 알아 가는 데
필요한 다양한 배경지식을 재미있는 그림과 알찬 문장으로
소개하는 초등 교양 시리즈입니다.

어린이 지식클립 7

땅 이름에 담긴 우리 역사
지명 탐험대

류혜인 글 · 이진아 그림

BOOKS

어수선과 멍파고,
땅 이름의 유래를 찾아
국토 대장정에 나서다!

안녕? 내 이름은 '어수선'이야. 궁금한 건 많지만 어딘가 늘 어설프고 어수선하지. 내 친구에게 '멍파고'라는 이름을 붙여 준 건 바로 나야. 겉보기엔 귀여운 강아지지만, 천재 바둑 기사를 이긴 인공 지능의 조상님 알파고를 살짝 능가하는 인공 지능을 가졌거든.

내가 이렇게 이름 이야기를 늘어놓는 건, 이름이라는 게 참 재미있다는 걸 말하고 싶어서야. 세상 모든 것에는 그 이름이 지어진 이유가 있는 법이거든. 그중에서 우리가 사는 곳에 붙은 이름을 지명이라고 하는데, 지명이 생겨난 이유를 파헤치다 보면 그 지역의 역사와 문화, 생활 모습까지 알게 된단다.

사실 내가 처음부터 지명에 관심이 있었던 건 아니야. 교장 선생님과 멍파고가 나와 친구들을 '지명 탐험대'에 끌어들

였지. 낯선 지역에 도착해서 지명의 유래를 알아내는 게 이번 미션이었어. 우리 땅 유래 찾기랄까? 덕분에 이번 여름 방학에 강원도 대관령에서 경상남도 통영까지 땀을 뻘뻘 흘리며 돌아다녔지 뭐야. 처음엔 괜히 왔나 싶었지만, 탐험을 하면 할수록 새로운 걸 알게 되는 재미에 푹 빠졌단다.

지명의 유래는 각양각색이야. 어떤 곳은 땅 모양의 특징을 담기도 하고, 어떤 곳은 역사적 사건이나 역사 인물에 얽힌 사연을 담고 있지. 어떤 곳은 그 지역의 생활 문화가 고스란히 담겨 있기도 했어.

사람은 바뀌지만, 우리가 살고 있는 땅은 바뀌지 않아. 땅은 그 자리에서 오래 전 역사와 문화를 그대로 간직하고 있지. 우리가 기억해야 할 이야기들을 '지명'에 담은 채로 말이야. 그러니 지명의 유래는 옛이야기를 듣는 것처럼 흥미진진하단다.

자, 그럼 지금부터 나와 멍파고, 그리고 친구들의 탐험 이야기를 시작해 볼까?

2022년 3월 **류혜인**

등장인물

교장 선생님
아이들이 재미있게 공부할 수 있도록 다양한 체험 학습을 준비하는 다정한 선생님. 언젠가부터 멍파고와 친구가 되었다.

어수선
별게 다 궁금한 호기심 대마왕. 늘 어수선해 보이는 어수선이 이번에는 우리 땅 이름에 숨겨진 비밀을 찾아 국토 대장정에 나선다.

멍파고
어수선이 키우는 인공 지능 강아지. 어느 날, 어수선네 집 앞에서 발견되었다. 어수선과 친구들의 귀염둥이 도우미, 멍파고의 활약을 기대하시라!

왕순남
사소한 일에 잘 삐진다.
하지만 엉뚱하고 황당한 행동으로
모두에게 웃음을 주는 분위기 메이커.
중요한 순간에 맞는 말을 한다.

노천재
똑똑한 듯 보이지만
알고 보면 빈틈 많은 허당 소년.
행성 간의 거리는 줄줄 외지만
친구들 마음을 살피는 데는 눈치 꽝.
그래서 이름도 별명도 NO천재.

곽나리
초등 맞춤법 대회 우승을 차지한 똑쟁이.
야무져 보이지만 그녀에게도
치명적인 약점이 있었으니
그건 바로 산수에 약하다는 것!

차례

머리말 2

탐험 1.
땅 모양에서 유래한 지명
10

대관령의 비밀은? 12
 땅 모양에 따라 이름을 지어요! 24
박달재·24 문경새재·25 황산벌·26
용두암·27 태종대·28 탄금대·29
호미곶·30 아산만·31

탐험 2.
생활 모습에서 유래한 지명
32

맛있어요! 피맛골 34
 생활 환경에 따라 이름을 지어요! 46
제물포·46 구파발·47 종로·48 제기동·49
장승배기·50 효자동·51 서빙고·52
병점·53 묵동·54 잠실·55

탐험 3.
역사에서 유래한 지명
56

여기는 왕십리! 58
 역사가 깃든 지명을 알아보아요! 70
낙성대 · 70 의정부 · 71 압구정 · 72 세검정 · 73
말죽거리 · 74 절두산 · 75 해방촌 · 76
한탄강 · 77 백록담 · 78 섬진강 · 79

탐험 4.
인물에서 유래한 지명
80

장군님, 통영에 왔어요! 82
 인물의 이름이 들어간 지명을 알아보아요! 92
세종로 · 92 명성로 · 93 퇴계로 · 94 율곡로 · 95
해운대 · 96 토정동 · 97 김삿갓면 · 98 콩쥐팥쥐로 · 99

탐험 5.
세계의 지명
100

비행기 타고 네덜란드로! 102
'땅'으로 끝나는 나라 이름 110
자연환경에서 유래한 나라 이름 111
옛이야기에서 유래한 세계의 지명 112
유럽 · 112 아마존강 · 112 아테네 · 113 하롱베이 · 113
사람 이름에서 유래한 세계의 지명 114
아메리카 · 114 필리핀 · 114 볼리비아 · 115
사우디아라비아 · 115

교장 선생님의 호출

'지명(地名)'이란 말 그대로 '땅 이름'이에요. 산, 들, 바다, 고장, 특정한 장소를 부르는 이름이지요. 땅 이름에는 다양한 의미가 담겨 있어요. 고장 사람들의 생활이 담긴 지명도 있고, 가슴 아픈 역사가 새겨진 지명도 있답니다. 특히 산, 들, 바다와 같은 자연환경에는 그 모양의 특징이 담긴 지명이 많아요.

탐험 1.
땅 모양에서 유래한 지명

대관령의 비밀은?

"아휴, 숨차!"

어수선은 벌겋게 달아오른 얼굴로 숨을 가쁘게 쉬었어요. 가파른 고갯길이 힘에 부치는지 친구들 숨소리도 점점 거칠어졌어요.

"그냥 퀴즈 푸는 게 아니었어? 난데없는 등산이라니! 헉, 헉."

"난 산이 싫어! 해외여행 보내 준대서 따라왔더니, 이게 뭐야!"

"으이그, 왕순남! 늘 젯밥에만 관심이 많으시지."

곽나리가 쏘아보자 왕순남은 못 들은 체 딴청을 피워요.

얼마나 더 산길을 걸었을까!

"드디어 도착!"

제일 먼저 도착한 건 누천재였어요.

"저 아래 좀 봐."

대관령 고갯마루에 올라선 아이들은 약속이나 한 듯 감탄사를 터뜨렸어요. 그간의 불평도 잊은 채, 대관령 아래로 펼쳐진 광경에 탄성을 질렀어요.

"우아, 멋지다!"

"세상에! 이렇게 멋진 풍경이 숨어 있을 줄이야!"

대관령은 서울에서 강원도로 가는 길목에 자리 잡은 고개예요. 우뚝 솟은 대관령에 올라서니 한쪽으로는 푸른 동해 바다가 넘실대고, 반대쪽으로는 서울로 넘어가는 산길이 가파르게 이어지고 있어요.

"정말 신기해. 가파른 산길을 올라올 때는 산 너머에 저렇게 넓은 바다가 있을 줄 상상도 못 했어."

"산들이 바다로 흘러내리는 것 같아."

"저 아래 보이는 바닷가 도시가 강릉이다!"

멍파고는 금세 도시 이름까지 찾아 알려 주었어요.

"아무튼 여기가 우리의 첫 번째 미션 장소란 말이지?"

모두들 한마디씩 이어가는데, 곽나리가 대관령이라고 적힌 표지석을 가리키며 큰 소리로 외쳤어요.

멋진 풍경에 금세 기분이 풀린 왕순남도 옆에서 "두구두구" 입으로 북소리를 내며 흥을 돋우었어요.

첫 번째 단서는 고개 령!

"이건 한자잖아? 뭐 이렇게 복잡하게 생겼지?"

"그러게. 똑똑한 나도 이런 한자는 처음 보는데, 흠…."

어수선과 노천재가 한마디씩 하는데, 왕순남은 아예 관심도 없다는 듯 먼 산만 살피고 있어요.

그때, 한참 조용하던 곽나리가 왕순남의 등짝을 때리며 소리쳤어요.

"이제 알았다! 이것 봐. 표지석에 있는 글자랑 똑같아! 그러니까 대관령의 '령'은 고개라는 뜻!"

곽나리가 멍파고를 바라보자, 멍파고는 손가락으로 동그라미를 그렸어요. 그러거나 말거나 왕순남은 맞은 등짝이 아픈지 기어가는 소리로 애원했지요.

"때리지 말고 그냥 맞히면 안 될까?"

"아…! 미안 미안!"

곽나리는 대답은 건성건성, 문제 풀기에 정신이 없어요.

"그렇다면 큰 고개라서, 대관령인가?"

"오, 어수선! 맞는 말이야!"

곽나리와 어수선은 눈을 마주치며 하이 파이브를 했어요.

230여 년 전 그림

그때, 삐빅! 두 번째 단서가 도착했어요. 오래된 그림이 보였지요.

"한자보단 그림이지! 암, 그렇고말고."

그림 속 풍경은 신기하게도 친구들이 서 있는 곳의 모습과 비슷했어요.

"김홍도가 230여 년 전에 그린 그림이래!"

"도로와 건물이 없을 뿐이지, 산과 바다는 그대로네!"

친구들은 수백 년 전 그림과 지금 바라보는 풍경이 그대로인 것이 놀라웠어요.

"먼 옛날부터 이 고갯길을 따라 사람들이 다녔다는 거잖아. 대관령은 아주 오랫동안 서울과 강릉을 잇는 큰 관문이었구나!"

어수선의 말에 멍파고가 빙긋 웃으며 외쳤어요.

"정답! 대관령은 '큰 관문이 있는 고개'라고 풀이하기도 해."

"으앗, 정말? 그런데 방금 내가 뭐라고 했더라…."

어수선은 감격한 듯 코를 찡끗거렸어요.

구사일생 왕순남!

삐빅! 그 순간, 새로운 단서가 스마트워치에 전송되었어요.

"아니, 정답을 맞혔는데 왜 힌트가 오는 거지?"

그러자 멍파고가 천연덕스럽게 말했지요.

"정답이 하나 더 있거든."

"뭐라고?"

친구들은 황당한 표정으로 서로 바라보았어요.

"그나저나 교장 선생님은 뭐 하시는 거야?"

"데굴데굴 굴러요?"

아이들은 갑자기 배를 잡고 웃기 시작했어요.

깔깔대며 웃던 왕순남이 고개를 뒤로 젖히며 한 발 물러서는 순간, 왕순남의 비명 소리가 산골짜기에 메아리쳤어요.

다행히 왕순남이 떨어진 곳은 아주 얕았어요.

깜짝 놀란 친구들은 후다닥 달려가 두 팔을 잡아당겨 왕순남을 일으켜 세웠어요.

왕순남은 머리와 옷에 나뭇잎과 흙을 잔뜩 묻힌 채 얼이 빠진 얼굴로 자기가 굴러떨어진 곳을 내려다보았지요.

"큰일 날 뻔했어! 괜찮아?"

"야! 진짜로 데굴데굴 구르면 어떡해?"

"고개가 가파르니 굴러떨어지는 것도 순식간이야. 쳇! 대관령이 아니라 데굴데굴 구르는 데굴령이구먼!"

왕순남의 말에 곽나리가 왕순남의 등짝을 내리쳤어요.

"맞아! 데굴데굴 구르는 험한 고개라 데굴데굴 대굴령?"

"대굴령, 대관령. 어째 좀 비슷한데…."

"대굴령이 변해서 대관령?"

친구들은 큰 소리로 외쳤어요.

"왕순남, 장하다! 네 몸을 바쳐 정답을 찾았구나."

왕순남은 옷에 덕지덕지 붙은 검부러기를 떼 낼 생각도 않은 채 그제야 함박웃음을 지었어요.

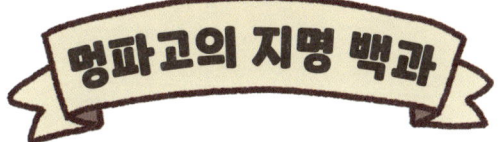

대관령

대관령은 강원도의 동쪽과 서쪽을 잇는 길로 강원도 강릉과 평창 사이에 자리 잡은 고갯길이에요. 산이 무척 높고 험해서 누구든 고개를 넘어갈 때 한 번은 데굴데굴 구르는 고개라 '대굴령'이라 불렀는데, 나중에 비슷한 한 자음을 빌려 '대관령'이란 이름을 얻게 되었지요.

강원도에서 한양(지금의 서울)으로 가는 하나뿐인 길목이어서 강원도 바닷가 마을 사람들은 이 길을 넘어 과거를 보러 다녔어요. 또 한양에서 오는 관리들도 강원도로 부임해 가려면 꼭 이 길을 지나야만 했어요.

 대관령 표지석이에요.

 하늘에서 본 대관령. 구불구불한 고갯길이 끝도 없이 이어져 있어요.

땅 모양에 따라 이름을 지어요!

높은 산에 있는 고개에 붙는 이름이에요.
고개는 산이나 언덕 사이에 나 있는 길이지요.

박달재 (충청북도 제천시)

선비 박달이 과거 시험을 보기 위해 한양으로 가고 있었어요. 그러다 고개 아랫마을에서 하룻밤 묵어가게 되었는데, 그곳에는 처녀 금봉이 있었지요. 박달은 금봉과 혼인을 약속하고 과거를 치러 갔지만, 계속 낙방했어요. 금봉은 박달을 그리워하다 죽고 말았지요. 소식을 들은 박달도 고개에서 떨어져 죽고 말았답니다. 박달 도령이 죽은 고개라 하여 이곳을 박달재라고 불러요.

문경새재 (경상북도 문경시)

문경새재는 소백산맥을 넘는 고갯길 중 하나예요. 예부터 경상도에서 한양으로 향하는 사람들은 낙동강을 따라 문경에 도착한 뒤 새재를 넘고, 다시 남한강을 따라 한양으로 향했지요. 새재는 하도 험하고 높아서 대낮에도 혼자서는 넘지 못하고 반드시 사람이 모이길 기다렸다가 넘었어요. 날이 저물었을 때에는 아랫마을에서 하룻밤을 묵은 뒤 다음 날 낮에나 넘을 수 있었답니다. 너무 힘해서 '나는 새도 쉬어 간다' 해서 '새재'가 되었다는 이야기가 전해져요.

평, 들, 벌
벌판이나 너른 평야가 있는 지역에 붙는 이름이에요.

황산벌 (충청남도 논산시)

황산벌은 660년, 신라와 백제 사이에 치열한 전투가 벌어졌던 들판이에요. 백제 장군 계백은 신라군이 쳐들어오자 자신의 손으로 가족들을 죽이고 전장에 나섰지요. 5천 명의 군사를 이끌고 김유신 장군이 이끄는 5만 명의 군사와 맞선 거예요. 계백 장군과 군사들은 죽기를 각오하고 싸워 초반에는 승리를 거두었어요. 하지만 화랑인 관창의 죽음으로 점점 신라군의 사기가 올랐지요. 결국 계백 장군과 백제 군사들은 모두 전사하고 말았답니다.

 큰 바위 위에 자리 잡은 곳이나 큰 바위가 있는 마을에 붙는 이름이에요.

용두암 (제주특별자치도 제주시)

제주도에 있는 바위예요. 바위 모양이 용의 머리를 닮아 생긴 이름이랍니다. 제주 앞바다에 살던 이무기가 용이 되고 싶어 한라산 산신령의 옥구슬을 훔치다 들켰대요. 이무기는 산신령이 쏜 화살에 맞아 쓰러졌는데, 그 모양이 굳어 바위가 되었다는 이야기가 전해지고 있어요.

바다나 강으로부터 솟아오른
넓고 평평한 땅을 부르는 이름이에요.

태종대 (부산광역시 영도구)

태종대는 해안에 자리한 바위 절벽이에요. 소나무를 비롯해 다양한 나무들이 절벽과 어우러져 장관을 이루는 곳이지요. 바닷가 절벽은 주로 파도가 깎아 만든 지형이랍니다.

먼 옛날 신라 왕이었던 태종 무열왕은 삼국 통일을 이루던 중에 전국의 아름다운 곳을 찾아다녔는데, 이곳 경치에 반해 머물며 활쏘기를 했대요. 원래 이곳은 신선대라 불리다가, 이후로 태종대라는 이름을 갖게 되었답니다.

탄금대 (충청북도 충주시)

탄금대는 '가야금을 타는 곳'이라는 뜻을 담고 있어요. 가야금은 먼 옛날 가야 사람 우륵이 만든 악기랍니다. 우륵은 어려서부터 풀잎으로 연주를 할 만큼 음악적 재능이 뛰어났대요. 가야의 왕은 우륵에게 "백성들의 마음을 한데 모을 악기를 만들라."고 명했고, 이에 우륵은 나무를 베어 12개의 명주실을 달아 맑고 단아한 소리가 나는 가야금을 만들었지요. 가야의 힘이 약해지자 우륵은 신라로 옮겨 가 살게 되었는데, 이곳 탄금대에서 가야금을 자주 연주했다고 해요.

 '곶'이라 이름 붙은 곳은 육지가 바다 쪽으로 튀어나온 지형이에요. 바다를 조망하기 좋아 관광지가 발달해 있지요.

호미곶 (경상북도 포항시)

우리나라 땅 모양을 호랑이 모양에 비유하기도 해요. 호미곶은 호랑이 꼬리에 해당하는 곳으로, 꼬리처럼 바다를 향해 톡 튀어나와 있어요. 우리나라에서 가장 동쪽에 자리한 곳이어서 해마다 해돋이를 보러 오는 관광객이 많답니다.

바다에서 솟아오른 손 조각상은 호미곶을 상징하는 조형물이에요.

 육지 쪽으로 들어간 바다는 '만'이라고 이름 붙여요. 이곳은 바람과 파도를 피하기 쉽고 안전하게 배를 대어 놓기 좋아 항구가 발달해 있어요.

아산만 방조제예요. 방조제란 밀려드는 조수의 피해를 막기 위해 만든 둑이랍니다.

아산만 (경기도 평택시~충청남도 아산시, 당진군)

아산만은 경기도에서 충청남도로 이어지는 거대한 만이에요. 바다로 튀어나온 땅인 태안반도 위쪽에 자리하고 있는데, 밀물과 썰물의 차이가 아주 커서 거대한 갯벌이 형성되어 있어요. 그리고 바닷물을 막아 땅으로 만든 간척지가 많답니다. 또한 아산만 방조제를 쌓아 바닷물이 들어오는 것을 막고, 담수를 조절해 농업 용수, 공업 용수 등 각종 용수로도 사용하고, 홍수도 조절하고 있어요.

육지로 쏙 들어갔어!

지명은 사람들의 다양한 생활 모습에서 유래하기도 해요. 종로, 구파발, 서빙고처럼 옛날에 있던 건물에서 유래하거나 잠실, 묵동처럼 그 지역 특산물로 이름을 짓기도 하지요. 먼 옛날, 여러분이 살고 있는 동네는 어떤 모습을 하고 있었을까요? 때로는 마을 이름만으로도 그 지역의 생활 문화를 미루어 짐작할 수 있답니다.

탐험 2.
생활 모습에서 유래한 지명

맛있어요! 피맛골

두 번째 미션 장소는 서울 종로에 자리하고 있었어요. 높은 빌딩 사이로 '피맛골'이라는 간판이 보였지요.

"피맛골? 어째 이름이 좀 으스스한데…. 아하, 알겠다! 옛날에 여긴 공동묘지였어. 피를 뚝뚝 흘리는 흡혈귀랑 구미호가 돌아다니던 곳!"

어수선이 양손을 세우고 이빨을 번뜩이는 시늉을 했어요. 그러자 왕순남은 한심하다는 듯 혀를 찼지요.

"아이고, 무서워라! 우리나라 수도 서울에서도 최고 중심지 종로에서 무슨 귀신 타령이야. 저렇게 자동차들이 빵빵대는데 귀신도 시끄럽다고 이사 가겠다."

"자자, 입씨름은 됐고! 진짜 추리를 시작하자고!"

곽나리의 말이 떨어지자마자, 삐빅! 멍파고가 찬 스마트 워치의 화면이 켜졌어요. 친구들의 눈빛도 진지해졌지요.

그런데 이번엔 힌트가 좀 달랐어요.

'1591'라는 숫자만 달랑 적혀 있었거든요.

"엥, 이게 뭐지? 벌써 고장 난 거 아냐?"

어수선의 말에 멍파고는 알듯 말듯 한 미소를 지었지요.

"잘 모르겠으면 직진! 일단 들어가 보자, 얘들아!"

친구들은 곽나리를 따라 피맛골이라고 적힌 간판 아래로 들어갔어요.

그런데 이게 어떻게 된 일이죠? 갑자기 주변 건물이 허물어지는가 싶더니 눈앞에 새로운 풍경이 펼쳐졌어요. 한복 입은 사람들이 지나다니기 힘들 정도로 좁은 골목을 가득 메우고 있었거든요.

"우아, 얘들아! 드라마 촬영하나 봐!"

노천재의 말에 어수선이 고개를 끄덕였어요.

"그래, 텔레비전에서 봤던 장면이야! 가서 구경하자!"

"아까 빌딩 사라지는 거 못 봤어? 여기 이상해, 이상하다고!"

친구들은 왕순남의 외침을 뒤로하고, 좁은 골목길로 뛰어갔어요.

조선의 궁궐, 경복궁

"이보게, 순남이! 농담 그만하고 이리 와서 국밥이나 들지."

어수선이 왕순남을 잡아끌어 국밥 앞에 앉혔어요.

"어수선! 여기 진짜 과거라니까! 봐 봐. 카메라도 없잖아!"

그때였어요. 삐빅! 첫 번째 단서가 도착했어요.

멍파고가 띄운 화면에는 멋진 궁궐 사진이 찍혀 있었지요.

"어? 이건 경복궁이잖아?"

곽나리의 말에 노천재가 아는 척을 했어요.

"아, 경복궁! 들어 봤는데…, 궁궐 아냐? 고구려 궁궐이었나, 백제 궁궐이었나…."

"으이그, 여기서 고구려 백제가 왜 나오니? 조선 시대 궁궐이잖아. 아무튼 아까 간판에 '말 마(馬)' 자가 쓰여 있었어. 그러니까 피맛골은 말이랑 궁궐과 관계된 지명이 아닐까?"

그 순간, 어수선이 뚝배기를 박박 긁던 숟가락을 탁 놓고 말했지요.

"얘들아, 경복궁이라면 바로 옆이잖아. 모르겠으면 직진! 일단 경복궁으로 가 보자!"

광화문 앞 육조거리

 친구들은 좁은 골목길을 벗어나 큰길로 나갔어요.
 그런데 이게 어떻게 된 일일까요? 도로에는 차가 한 대도 보이지 않았어요. 저 멀리 경복궁 정문인 광화문이 보이고, 그 앞으로 흙으로 다져진 넓은 길이 펼쳐져 있었지요.

 "내 말이 맞잖아! 우린 과거로 온 거라니까!"
 왕순남이 버둥거리며 울부짖었어요. 어수선은 고개를 저으며 왕순남의 입을 막았지요.
 "순남아, 설마 아인슈타인도 만들지 못한 타임머신을 교장 선생님이 만드셨겠니? 이건 멍파고가 만든 가상 현실일 거야."
 그때, 삐빅! 두 번째 단서가 도착했어요. 단서는 '육조서리'. 옛날 광화문 앞 거리가 찍힌 사진이었지요. 지금 눈앞에 보이는 풍경과 똑 닮아 있어요. 곽나리가 뭔가 알아차린 듯 말했어요.
 "저 앞에 경복궁! 그 앞으로 뻗은 육조거리! 여기서 정답을 찾을 수 있을 거야. 얘들아, 우선 말을 찾아보자!"

영의정 대감 행차시다!

삐빅! 마지막 단서가 도착했어요.

"엥? 이게 뭐야. 교장 선생님이 가마를 타고 있는데?"

"도대체 저런 옷은 어디서 구하신 걸까?"

그때였어요. 갑자기 주변이 웅성웅성하더니, 사람들이 모두 땅에 엎드렸어요.

"물렀거라! 영의정 대감 행차시니라!"

벼슬아치의 가마 행렬이 나타났어요. 가마를 탄 벼슬아치 뒤로 말을 탄 사람들이 긴 행렬을 이루고 있었지요. 길에서 놀던 아이들은 어쩔 줄 몰라 하며 뒷골목으로 도망쳤어요.

"와, 이 풍경, 사극에서 자주 봤었는데, 진짜였네!"

노천재의 말에 곽나리가 설명을 붙였지요.

"맞아. 조선 시대에는 신분이 높은 사람이 탄 말이나 마차가 지나가면 백성들은 누구라도 그 행렬이 지나갈 때까지 땅에 엎드려 기다려야 했대."

"무슨 얼음 땡 놀이도 아니고…. 그럼 맛있는 거 먹다가도 엎드려야 하는 거잖아?"

어수선이 흥분하자, 오랜만에 왕순남도 맞장구를 쳤어요.

"난 차라리 피해 다닐래. 평소에도 선생님한테 인사 안 했다고 혼날까 봐 교무실 앞은 피해 다니거든."

왕순남의 말에, 어수선의 눈빛이 반짝였어요.

"잠깐! 방금 피해 다닌다고 했지?"

"엇… 수선아, 내가 너무 소심한 걸까…."

"아니야, 왕순남! 또 네가 정답을 맞혔어!"

"뭐? 내… 내가?"

"그래! 벼슬아치들이 궁궐에 드나들려면 육조거리를 지날 수밖에 없잖아. 그러니까 백성들은 행렬을 피해 뒷골목으로 다녔던 거지."

"오호라! 피할 피(避), 말 마(馬), 그래서 피맛골?"

역시 한자에 강한 곽나리예요.

"헐…, 난 피 난다 피인 줄 알았는데!"

친구들은 답을 찾아 기분이 좋았는지, 노천재의 싱거운 농담에도 크게 웃어 주었어요.

"이렇게 되면 두 번째 미션도 해결?"

어수선과 친구들은 서로를 향해 엄지손가락을 척 세웠어요.

멍파고의 지명 백과

피맛골

피맛골은 서울 종로 일대에 위치한 거리예요. 종로 중심지를 오가던 관리들의 마차 행렬을 피해 서민들이 다니던 길로, 마차를 피한다는 뜻의 피맛골이라는 이름을 얻게 되었지요. 조선을 세우는 데 기여했던 정도전은 백성을 우선하는 민본 사상을 바탕으로 백성들을 위한 길을 계획했대요. 가난한 백성들이 많이 다니는 길이다 보니 마차 행렬이 끝나길 기다리며 끼니를 해결할 곳이 필요했고, 그래서 소박한 식당들이 많이 생겨났어요. 전통은 현대까지 이어져 이후 피맛골은 식당 거리로 이름을 날렸어요. 하지만 오래된 전통 골목을 현대화하려는 시도로 지금은 옛 모습을 많이 잃었어요.

1900년대 말 피맛골 모습. 피맛골은 두 사람이 함께 걷기 어려울 정도로 좁은 골목길이었어요.

생활 환경에 따라 이름을 지어요!

'포', '진'이 들어가는 지명은 배가 드나드는 곳과 관련된 곳이에요.

제물포 (인천광역시)

제물포는 인천광역시에 자리하고 있어요. 인천은 서해와 마주한 곳으로 예부터 군사적으로 중요했답니다. 한양과 가깝기 때문에 바닷길을 따라 종종 외적이 쳐들어왔기 때문이지요. 조선 시대 때 태종은 인천을 지키기 위해 이곳에 군사 기지를 설치하고 제물량영이라고 불렀어요. 이후 이곳은 제물량영이 설치된 포구라는 뜻에서 제물포로 불리게 되었지요. 제물포는 '제물포 조약'으로도 유명해요. 1800년대 말, 우리나라를 넘보던 일본은 제물포에서 조약을 맺고, 군대를 주둔시키며 침략의 발판을 만들었지요. 이후 많은 일본 상인들이 인천항을 통해 들어와 제물포에 마을을 이루며 살았답니다.

1900년대 초 제물포항 모습이에요.

봉화, 파발

옛날에는 나라의 중요한 소식을 전할 때 봉화나 파발을 이용했어요. 그 흔적이 오늘날 전국 곳곳의 지명에 남아 있답니다.

구파발 (서울특별시 은평구)

구파발은 서울 서북쪽에 자리하고 있어요. 파발 제도는 조선 시대에 나라의 중요한 소식을 빠르게 전하는 통신망이었어요. 사람이 직접 뛰거나 말을 타고 가서 소식을 전하는 것이지요. 그런데 먼 거리를 달려야 할 때는 한 사람이 갈 수 없으니, 파발을 전하는 사람이 교대로 쉬어 가며 달렸지요. 이어달리기를 하듯이 말이죠.
역참 제도 역시 조선 시대에 소식을 전하는 제도였는데, 역참은 한 사람이 먼 지역에 정보를 전달한다는 점에서 파발과 조금 달랐어요.

종로 보신각에 있던 보신각 동종이에요. 지금은 국립중앙박물관에 있어요.

종로 (서울특별시 종로구)

종로는 종이 있는 누각, 즉 종루에서 사대문으로 통하는 길을 뜻해요. 조선 시대에는 밤 10시가 되면 통행금지를 알리는 종소리가 스물여덟 번 울렸어요. 종이 울리면 사대문 안으로 들어오는 문이 모두 닫혔지요. 이는 궁궐에 사는 왕을 보호하기 위한 것으로 다음 날 새벽 4시가 되면 통행금지가 풀렸답니다. 이때는 종을 서른세 번 쳤는데, 여기에서 유래해 해마다 12월 31일이 되면 종로에 자리한 보신각에서 제야의 종을 서른세 번 치며 새해의 시작을 알리고 있어요.

제기동 (서울특별시 동대문구)

제기동은 '제사를 지내던 터'라는 뜻을 담고 있어요. 이곳에는 옛날 임금들이 하늘에 제사를 지내던 제단인 '선농단'이 있었어요. 임금들은 이곳에서 풍년이 들게 해 달라고 제사를 지냈고, 가뭄이 들 때에는 비를 내려 달라고 기원하며 기우제를 지내기도 했지요. 임금은 선농단에서 제사를 마치고 나서 소를 잡고 곰국을 끓여 백성들과 나누어 먹었는데, 이 음식을 '선농탕'이라 했어요. 오늘날 설렁탕은 바로 이 음식에서 유래한 거랍니다.

장승배기 (서울특별시 동작구)

조선 제22대 임금인 정조는 효심이 깊었어요. 해마다 비통하게 죽은 아버지 사도 세자의 묘를 찾았지요. 한번은 한양에서 사도 세자의 묘가 있는 화성(지금의 수원)까지 가는 길에 숲이 울창한 곳에서 잠시 쉬어 가게 되었어요. 하지만 이곳 숲은 으스스한 것이 좀 무섭기까지 했지요. 이에 정조는 "이곳에 남자 장승을 세워 '천하대장군(天下大將軍)'이라 이름을 붙이고, 또 하나는 여자 장승을 세워 '지하여장군(地下女將軍)'으로 하여라." 하고 명하였어요. 그리하여 두 개의 장승이 세워졌는데, 그 뒤로 이곳을 장승배기라 부르게 되었답니다.

효자동

'효자동'이라는 지명은 전국 곳곳에서 찾아볼 수 있어요. 서울특별시 종로구, 경기도 고양시, 강원도 춘천시, 전라북도 전주시 등 여러 곳에 같은 이름을 가진 마을이 있지요. 이름난 효자가 있었던 마을이거나, 효자가 나오기를 바라는 마음에서 지은 이름이랍니다. 몸이 아픈 부모님을 위해 약초를 구하러 가던 아들의 효심에 감동해 호랑이가 집까지 태워다 주었다는 등 효자와 관련된 옛이야기도 마을마다 전해져요.

얼음 창고였던 서빙고. 돌로 지은 창고로, 내부를 서늘하게 만들었어요.

서빙고 (서울특별시 용산구)

서울 한강변에 자리 잡은 마을로 조선 시대 얼음 저장 창고가 있던 곳이에요. 조선 시대에는 냉장고가 없었기 때문에 겨울철 한강물이 두껍게 얼면 그것을 잘라 얼음 창고인 빙고에 저장해 두었답니다. 당시에는 얼음이 귀했기 때문에 임금이 더위를 식히거나 큰 공을 세운 양반들에게 내리는 선물로 쓰이기도 했어요. 서빙고 동쪽에는 동빙고도 있었지요.

병점 (경기도 화성시)

경기도 화성시에 위치한 곳으로, 옛날에 한양에서 충청도와 전라도, 경상도 등으로 가려면 꼭 거쳐야 하는 길목이었어요. 먼 길을 나선 사람들이 잠시 머물러 가는 쉼터였지요. 끼니를 챙기는 사람도 많아 떡장수를 비롯해 먹거리를 파는 상점들이 곳곳에 들어섰답니다. 그래서 떡 가게를 뜻하는 한자, 병점이라는 이름을 갖게 되었어요.

묵동 (서울특별시 중랑구)

서예를 할 때 먹을 갈아 글씨를 쓰지요? 이때 사용하는 '먹'은 '묵'이라고도 하는데, 묵동은 이곳에서 '먹'을 제조했기 때문에 붙은 이름이에요. 근처 봉화산에서 자란 소나무로 참숯을 만들어 '먹'을 만들었는데, 품질이 좋아 임금님께 진상했다고 해요. 한편으로는 이름난 학자를 배출하고 학문이 높은 마을이 되길 바라며 문방사우 중 하나인 '먹'을 동네 이름에 넣었다는 이야기도 전해져요.

잠실 (서울특별시 송파구)

잠실은 '누에 치는 방'이라는 뜻이에요. 조선 시대에는 누에를 길러 고치를 생산하는 게 무척 중요한 일이었어요. 고치에서 나온 실로 아름다운 비단을 짤 수 있었으니까요. 잠실은 강변에 자리한 넓고 평평한 땅으로 뽕나무를 기르기에 좋았어요. 그래서 나라에서는 이곳에 넓은 밭을 만들어 뽕나무를 키우고, 누에 치는 기관을 만들었답니다.

사람은 바뀌어도 땅은 변하지 않아요.
지명은 그곳에 살았던 사람들의 역사를
고스란히 간직하고 있답니다. 비극적인 역사의
한 장면을 간직한 이름도 있고, 신비로운 전설
이 담긴 이름도 있지요. 지명에 얽힌 이야기를
알아 가다 보면, 우리 역사와 문화를
자연스럽게 익히게 된답니다.

탐험 3.
역사에서 유래한 지명

여기는 왕십리!

"왕십리~ 밤거리에~."

지하철 출구를 나오며 어수선이 노래를 흥얼거렸어요.

"어수선, 그만!"

노천재가 귀를 틀어막으며 인상을 찌푸렸어요.

"우리 할아버지 애창곡 〈59년 왕십리〉야. 혹시 알아? 이 노래에 이번 미션을 해결할 단서가 있을지!"

그러자 곽나리가 고개를 돌려 어수선을 바라봤지요.

"수선아, 할아버지 애창곡이니까… 할아버지께 양보해."

"아무튼, 왕십리는 '리'로 끝나잖아. 여기서 '리'는 행정 구역이 아닐까? 사회 시간에 배웠잖아. 시, 군, 구 같은 거….""

"우아, 어수선! 웬일이냐? 수업 시간에 들은 걸 기억하고."

"뭐? 왕순남! 내가 수업을 얼마나 열심히 듣는데!"

또다시 어수선과 왕순남의 실랑이가 시작되었네요.

네가 수업 중에 깨어 있는 걸 본 적이 별로 없는데….

아니거든!

멍파고, 무학 대사가 되다!

"잠깐! 뭔가 허전해. 앗, 멍파고가 없어!"

어수선이 두리번두리번 멍파고를 찾았어요.

그때, 지하철역 출구에서 요상한 형체가 튀어나왔어요. 도포를 걸친 멍파고였지요.

"멍파고! 이 옷은 또 뭐야?"

"어허, 멍파고라니! 나는 무학 대사이니라."

"무학 대사?"

"그래. 나로 말할 것 같으면, 그러니까 조선을 건국한 태조 이성계의 스승이라 할 수 있지."

"헉, 뭐지? 상황극을 하자는 걸까?"

"재밌겠다! 이번엔 상황극으로 힌트를 주려나 봐."

그때 스마트워치가 삐빅 울렸어요.

"에헴, 무학 대사와 신하들은 들어라! 나는 태조 이성계이니라. 지금부터 조선을 굳건히 할 궁궐터를 찾아라!"

풍수지리가 좋은 땅은?

친구들은 무학 대사가 된 멍파고를 조르르 따라나섰어요.

"대사님, 그런데 궁궐터는 어찌 찾습니까?"

"그야 이곳저곳 다니며 풍수지리를 살펴야겠지."

"풍수지리요?"

풍수지리는 땅 모양이나 방향이 인간의 삶에 영향을 준다는 이론이에요. 옛 사람들은 주로 집터를 잡거나 무덤 자리를 정할 때 풍수지리를 따랐지요.

"풍수지리는 고려 시대에 크게 유행하였지. 고려의 수도를 개경으로 정할 때도, 조선의 도읍을 한양으로 정할 때도 풍수지리설에 따랐단다."

멍파고의 말에 어수선은 박수를 짝 치면서 말했어요.

"와, 무학 대사님! 그럼 지금부터 풍수지리가 좋은 곳을 찾아보겠습니다! 얘들아, 우리가 찾아보자!"

무학 대사, 농부를 만나다

친구들은 무학 대사 흉내를 내는 멍파고를 따라 정처 없이 길을 걸었어요. 그런데 어느 순간, 건물이 사라지더니 너른 밭이 보였어요.

"흐음, 이렇게 멋진 곳이 있다니! 궁궐터로 딱 좋겠어."

무학 대사 흉내를 내는 멍파고가 주변을 둘러보며 혼잣말을 했지요.

그때였어요. 밭을 갈고 있던 농부가 소에게 대뜸 한마디를 했지요.

"이 무학 같은 미련한 소야!"

멍파고는 깜짝 놀라 농부에게 다가갔어요.

"어르신, 무슨 말씀이신지요? 혹시 좋은 궁궐터를 아시는지요?"

"이곳에서 서북쪽으로 10리를 가면, 더 좋은 땅이 있습니다."

"여기서 10리를 더 가라고요? 흠, 알겠습니다. 얘들아, 여기서 10리를 걸어가면 더 좋은 땅이 있다는구나. 함께 떠나 보자!"

그러자 어수선이 멍파고를 막아섰어요.

"아니, 저분이 누군 줄 알고 덜컥 믿으십니까? 게다가 10리를 더 걸으라고요? 더 이상은 무리라고요!"

그 순간 삐빅, 삐빅! 두 번째 단서와 세 번째 단서가 연이어 도착했어요.

두 번째 단서!

1리 = 약 0.4킬로미터

리!

10리도 못 가서 발병 난다~.

음머?

세 번째 단서!

往
갈 왕

'임금 왕'은 아는데, '갈 왕' 자는 첨 봐유~.

'갈 왕'? '가다(go)' 할 때 그 '갈'?

그런가 봐!

"잠깐! 1리가 약 0.4킬로미터니까, 10리는 약 4킬로미터네!"

노천재의 말에 왕순남이 혀를 내둘렀어요.

"4킬로미터라고? 잠깐! 그럼 400미터인가?"

"쯧쯧! 어떻게 계산해야 400미터가 나올까? 4000미터랍니다."

"뭐라고? 4000미터? 난 못 해! 난 못 걸어!"

어수선은 거의 드러누울 기세로 멍파고를 가로막았어요. 그러자 노천재가 좋은 생각이 난 듯이 박수를 짝 쳤지요.

"얘들아, 요즘 세상에 굳이 가 볼 필요 있을까? 인터넷 지도로 검색해 보면 되지!"

"천재야, 이럴 때만 잠깐 이름을 바꾸자. 노천재가 아니라 찐천재로!"

어수선이 노천재의 양쪽 볼을 쥐고 흔들며 기뻐했어요.

"자자, 우리가 여기 있으니까 서북쪽으로 4킬로미터를 이동하면…. 앗! 깜짝이야! 얘들아, 경복궁이야, 경복궁!"

"와, 그러니까 여기에서 10리를 가면 궁궐이 나온다는 거잖아! 그럼 왕십리에서 '십 리'는 거리를 뜻하는 말이었어."

곽나리의 말에 왕순남이 자신 있게 말을 이었어요.

"아하! 그럼 왕은 임금님 할 때 왕이구나! 왕이 있는 곳이 궁궐이니까!"

그러자 곽나리가 왕순남의 입을 턱 막으며 이야기했지요.

"순남아, 세 번째 단서 안 봤니? '임금 왕'이 아니라, '갈 왕'이잖아. 여기에서 10리를 가면 된다는 뜻이지!"

"우아, 왕십리의 비밀을 드디어 알아냈군!"

"휴, 지금껏 풀어 본 문제 중에 가장 어려웠어."

"그래도 비밀이 풀리는 순간은 정말 짜릿해! 그나저나 교장 선생님이 흉내 낸 저 농부는 도대체 누구지?"

멍파고의 지명 백과

왕십리

무학 대사는 태조 이성계의 스승이자, 승려였어요. 풍수지리에 능했던 무학 대사는 태조 이성계의 부탁으로 새로운 궁궐터를 알아보러 나섰지요. 무학 대사는 한양 이곳저곳을 둘러보다 왕십리를 궁궐터로 삼고자 했어요. 바로 그때, 밭을 갈던 한 노인이 "여기서 서북쪽으로 10리를 가면 더 좋은 땅이 있을 것"이라 일러 주었고, 농부의 말에 따라 10리 떨어진 곳에 새로운 궁궐터를 정했지요. 이날 무학 대사가 만난 농부는 바로 통일 신라 시대의 승려인 도선 대사라는 이야기가 전해진답니다. 도선 대사 역시 풍수지리에 능했다고 해요.

무학 대사

도선 대사

역사가 깃든 지명을 알아보아요!

낙성대 (서울특별시 관악구)

낙성대는 고려 시대의 명장 강감찬 장군이 태어난 곳이에요. 강감찬 장군은 귀주 대첩으로 유명해요. 장군이 서경(지금의 평양)을 지키고 있을 때, 거란 장군 소배압이 10만 대군을 이끌고 고려를 공격했어요. 하지만 고려는 이미 거란의 침략을 예상하고 20만 군대를 준비하고 있었지요. 강감찬 장군은 이 군대를 이끌어 귀주에서 크게 싸워 이겼어요. 이 전투를 귀주 대첩이라고 한답니다.
낙성대는 '큰 별이 떨어진 곳'이라는 뜻을 담고 있어요. 장군이 태어나던 날, 강감찬 장군의 생가 위로 큰 별이 떨어졌다는 이야기에서 비롯된 이름이지요.

낙성대 공원에 있는 강감찬 장군 동상이에요.

의정부 (경기도 의정부시)

의정부는 조선 시대 행정 기구예요. 영의정, 좌의정, 우의정을 중심으로 한 최고 행정 기구였지요. 왜 이 기구의 이름이 경기도 북부에 있는 도시 이름이 되었을까요?
조선 제3대 임금인 태종은 형제들끼리 죽고 죽이며 싸운 끝에 왕위에 올랐어요. 이를 못마땅하게 여긴 태조 이성계는 태종이 있는 한양에 머물지 않고 한양 북쪽 지역에 머물며 나랏일에 관여하고 있었어요. 이에 의정부 대신들은 태조가 머물고 있는 곳을 찾아가 회의를 열었고, 이곳은 의정부 회의를 하던 곳이라 하여, 의정부라 불리게 되었답니다.

압구정 (서울특별시 강남구)

압구정은 한명회라는 인물과 관련된 지명이에요. 한명회는 어린 단종을 내쫓고 수양 대군을 왕위에 올린 일등 공신이지요. 한명회는 두 딸도 예종과 성종에게 시집보내 평생 권력을 누리며 살았답니다. 그런 그가 중국 송나라의 정승, 한충한의 삶을 흉내 내어 자연과 벗하며 살겠다고 지은 정자가 압구정이에요. 친할 압(狎), 갈매기 구(鷗) 자를 넣어 자연을 벗 삼아 살겠다는 마음을 담았으나, 권력을 가진 한명회의 삶은 그것과 달랐지요.

세검정 (서울특별시 은평구)

조선의 제15대 왕인 광해군은 전쟁을 피하려면 날로 힘이 강해지는 후금과 친하게 지내야 한다고 생각했어요. 하지만 명나라를 따르는 사람들은 의리를 버리고 여진족이 세운 후금과 친하게 지내는 것을 용납할 수 없었지요. 이에 몇몇 신하들은 오늘날 세검정에 모여 홍제천에 칼을 씻으며 광해군을 왕위에서 끌어내리자고 뜻을 모았답니다. 세검은 '칼을 씻는다'는 뜻이지요. 이후 신하들은 인조반정을 일으켜 광해군을 왕위에서 끌어내렸고, 이후 이곳에 세검정이라는 정자를 세웠답니다.

말죽거리 (서울특별시 서초구)

이곳은 조선 시대 나랏일로 먼 지방을 오가던 사람들에게 말과 식사, 잠자리를 제공하던 '양재역'이 있던 곳이에요. 여행자들이 타고 온 말에게 죽을 끓여 먹인 곳이라는 뜻에서 말죽거리라는 이름을 갖게 되었지요. 말죽거리에는 또 다른 이야기도 전해져요. 조선 시대 인조가 이괄의 난이 일어나 피난을 떠날 때, 말에서 내리지도 못한 채 말 위에서 죽을 먹고 서둘러 떠난 곳으로도 알려져 있지요.

절두산 (서울특별시 마포구)

절두산은 슬픈 사연을 품은 곳이에요. 천주교를 못마땅하게 여긴 흥선 대원군은 천주교인이라고 하면 무조건 잡아들였어요. 이 사실을 알게 된 프랑스는 함대를 보내 강화도를 점령하고 한강의 양화진까지 쳐들어왔지요. 흥선 대원군은 더욱 화가 나서 천주교 신자들을 더 가혹하게 잡아들였어요. 그리고 프랑스에 대한 복수로 양화진이 보이는 곳에서 천주교 신자들을 처형했지요. 이를 병인박해라고 한답니다. 그 뒤로 이곳은 천주교 신자들의 머리를 벤 곳이라는 뜻으로 절두산이라고 불리게 되었어요.

해방촌 (서울특별시 용산구)

우리나라는 1910년에 일본에 나라를 빼앗겼어요. 그 뒤로 1945년 광복을 이룰 때까지 많은 사람들이 일제의 탄압을 피해 고향을 떠나 만주, 연해주 등 해외로 떠돌아야 했지요. 광복을 이룬 뒤, 다시 조국으로 돌아온 사람들은 남산 아래에 터를 잡고 살게 되었어요. 또한 6·25 전쟁 때 남쪽으로 온 이북 사람들도 이곳에 자리 잡았지요. 역사의 칼날 앞에 고향을 떠나야 했던 사람들이 이곳으로 모여든 거예요. 사람들은 토굴을 파거나 나무로 대충 집을 지어 살아갔고, 거대한 판자촌이었던 이곳은 이후 해방촌으로 불리게 되었답니다.

50여 년 전만 해도 우리나라 곳곳에는 판자촌이 아주 많았어요.

한탄강 (강원도 철원군)

후삼국 시대의 일이에요. 후고구려를 세운 궁예는 왕건의 도움을 받아 점점 땅을 넓혀 가고 있었어요. 하지만 그럴수록 궁예는 점점 폭군으로 변해 갔지요. 결국 신하들은 궁예를 몰아내고 왕건을 임금으로 세웠어요.

신하들에게 쫓겨난 궁예는 이곳에서 흘러가는 강물을 보았어요. 그런데 강가에 벌레를 먹은 것처럼 구멍이 뻥뻥 뚫린 검은 돌들이 보이는 거예요. 바로 현무암이었죠. 궁예는 이 돌의 모습이 마치 늙고 좀먹은 자신의 모습과 같다며 한탄했어요. 그 뒤로 이곳은 한탄강이라고 불리게 되었답니다.

한탄강은 크다는 뜻의 한자 '한(漢)'과 여울, 강을 뜻하는 '탄(灘)'이 더해진 이름으로 큰 여울이라는 뜻이기도 해요. 또한 이곳은 6·25 전쟁 당시 큰 전투를 치렀던 곳으로, 많은 사람이 목숨을 잃어 한탄스러운 곳이라는 뜻도 담고 있어요.

백록담 (제주특별자치도 제주시 한라산)

백록담은 한라산 꼭대기에 있는 호수예요. 흰 사슴이 호수에 나타나 울었다고 해서 붙은 이름이지요. 아주 먼 옛날, 한라산에는 신선들이 살고 있었어요. 신선들은 꼭대기에 있는 호수에서 목욕을 하고 놀았는데, 일 년에 한 번, 선녀들이 내려와 목욕을 할 때는 북쪽 계곡으로 내려가 놀았지요. 그런데 그중 한 신선이 미처 계곡으로 내려가지 못했어요. 신선은 선녀들이 내려오자 얼른 몸을 숨겼는데, 결국에는 발각이 되어 옥황상제에게 벌을 받았답니다. 흰 사슴이 되어 버린 거예요. 그 뒤로 흰 사슴이 된 신선은 매년 복날이면 한라산 호수에 내려와 슬피 울었대요.

섬진강 (전라남도 광양시)

고려 시대 말에는 왜적의 침략이 잦았어요. 왜적들은 바다를 건너 섬진강까지 들어왔지요. 섬진강 주변에 살던 사람들은 겁에 질렸어요. 왜적들이 육지로 올라오면 식량은 물론, 목숨까지 빼앗길 상황이었거든요. 그런데 왜적들이 나루터에 내리는 순간, 어디선가 수십만 마리 금두꺼비들이 나타났어요. 금두꺼비들이 왜적들을 향해 큰 소리로 울어 대자, 왜적들은 겁에 질려 도망가고 말았답니다. 왜적들이 사라지자, 금두꺼비들도 사라졌지요. 금두꺼비가 나타나 왜적을 물리친 뒤로, 이 강은 두꺼비 섬(蟾)자를 넣어 섬진강으로 불렸다고 해요.

세종 대왕, 이순신 장군, 퇴계 이황…. 한 번쯤 들어본 이름이지요? 찬찬히 살펴보면 역사적으로 유명한 인물과 관련된 지명도 참 많아요. 어떤 인물이 태어난 곳이나, 어떤 인물의 업적을 기리는 곳들이지요. 옛이야기나 신화 속 주인공의 이름을 딴 지명도 있답니다.

탐험 4.
인물에서 유래한 지명

"우아, 바다 냄새!"

"저기 섬들 좀 봐! 진짜 많다!"

이곳은 경상남도 통영, 한반도 남쪽 끝에서 바다를 마주하고 있는 도시지요. 통영에서 바라보는 바다는 그림처럼 아름다웠어요. 푸른빛 바다 위에 크고 작은 섬들이 아기자기하게 펼쳐져 있었지요.

"으흠, 과연 한국의 나폴리라 불릴 만하군!"

어수선이 그윽한 눈빛으로 바다를 바라보며 말했어요.

"나폴리? 그건 우리 동네 피자 가게 이름인데…."

노천재의 말에 어수선은 씨익 웃음을 지었지요.

"나폴리는 말이야, 이탈리아에 있는 아름다운 항구 도시야. 통영 바다도 나폴리만큼 아름답다고 해서 생긴 별명이지. 어쨌거나 섬 뒤에 섬, 그 섬 뒤에 또 섬…, 섬이 진짜 많아! 몇 개인지 세어 볼까? 하나, 둘, 셋…."

"어수선! 지금 섬 개수 셀 때냐? 우리 미션은 이름의 비밀을 밝히는 거라고!"

왕순남의 말에 어수선은 심드렁한 표정을 지었어요.

"순남아, 흥분하지 마. 이번 미션은 쉽게 풀릴 것 같아."

"뭐? 벌써 답을 알아낸 거야?"

"여기가 어디야? 통영에 있는 이순신 장군 공원이잖아. 그러니까 통영은 이순신 장군과 관련된 곳이라는 거지. 아마 첫 번째 힌트도 이순신 장군일걸?"

그러자 노천재가 외쳤어요.

"아하! 혹시 이순신 장군이 태어난 곳?"

"아냐! 분명 여기서 무예를 갈고닦으셨을 거야."

친구들의 말에 곽나리가 조용히 입을 열었지요.

"얘들아, 너희 이순신 장군이 누군지는 알고 있니?"

그러자 노천재와 왕순남이 천연덕스럽게 말했지요.

"난, 통 모르겠는걸."

"나도 영 모르겠어!"

곽나리가 고개를 떨구었을 때, 드디어 멍파고의 스마트워치가 울렸어요.

"이럴 수가! 어수선이 첫 번째 단서를 맞혔어!"

"히힛, 내 이럴 줄 알았지! 잠깐, 그렇다면 저 아름다운 바다에서도 전쟁이 있었을까?"

어수선의 말에 곽나리가 고개를 끄덕이며 말했지요.

"당연하지! 통영 앞바다는 바로 한산도 대첩이 일어난 곳이야."

"한산도 대첩?"

한산도 대첩은 임진왜란 당시 조선 수군이 왜군과의 싸움에서 가장 크게 승리한 전투 중 하나예요.

통영 앞바다에 있는 한산도 부근에서 크게 싸워 이겼는데, 행주 대첩, 진주 대첩과 더불어 임진왜란 3대 대첩으로 불리지요.

"응, 너희 '학익진'이라는 말 들어 봤어?"

"학익진?"

"그래, 보다시피 통영 앞바다는 섬이 많아서 좁은 바닷길도 많고, 숨을 곳도 많아. 이순신 장군은 좁은 바닷길에 숨어 있는 일본군을 유인하여 끌어낸 뒤에, 학익진 전술을 써서 일본군 배를 완전히 포위해 침몰시켰지."

일본군이 넓은 바다로 나왔을 때, 거북선을 포함한 조선군 배 56척은 학 날개 모양으로 일본군을 포위하고 대포 공격을 퍼부었어요.

일본군 배 60여 척 이상이 불에 타거나 격파되었어요. 살아남은 일본군은 한산도로 숨어들었다가, 겨우 일본으로 도망쳤답니다.

곽나리의 설명에 왕순남은 한숨을 푹 쉬었어요.

"그런데 얘들아, 이순신 장군, 한산도 대첩, 학익진은 다 알겠는데 도대체 '통영'이라는 지명과 무슨 관계가 있는 걸까?"

"그러게. 나 같으면 그냥 이순신이라고 지었을 텐데. 그럼 사람들이 어떤 의미인지 단번에 알잖아?"

"난 학익진이라고 지었을 거야. 왠지 멋지지 않니?"

노천재와 어수선도 한마디 덧붙였지요.

사실 통영시는 한때 충무시로 불리기도 했어요. '충무공'이라는 이순신 장군의 호를 담은 이름이지요. 통영시로 이름이 바뀐 건 1995년의 일이에요.

그때였어요. 삐빅 삐빅! 두 번째 단서가 도착했지요.

"삼도수군통제영?"

친구들은 단서를 읽자마자 다들 눈길을 맞추었어요. 그리고 외쳤지요.

"세 번째 미션, 해결!"

"그러니까 이곳에 삼도수군통제영이 있었고, 이순신 장군이 이곳 사령관인 삼도수군통제사였다는 거지?"

어수선의 말에 노천재가 바통을 이었어요.

"그렇지! 거기에서 '통'과 '영' 자를 따서 통영! 나 같으면 삼통이라고 했을 텐데…."

"헤헤, 삼통이 뭐냐! 나 같으면 수통이라고 했을 거야."

"수통? 물통도 아니고…. 나 같으면 수영이라고 했을 거야."

"뭐? 바다에서 헤엄칠 일 있냐?"

정답을 맞힌 친구들이 끝없이 말장난을 이어 갔답니다.

"참, 너희 그 말 알아? 이순신 장군이 상소문에 쓴 글인데, '신에게는 아직 12척의 배가 남아 있사옵니다.'라는 말이 있어. 12척의 배로 100척이 넘는 일본군을 물리쳤다니, 진짜 대단하지 않니?"

곽나리가 잔잔한 바다를 내려다보며 진지하게 말했어요. 그러자 또다시 친구들의 장난이 시작되었지요.

"신에게는 딱 천 원이 남아 있사옵니다!"

"신에게는 방학 숙제가 남아 있사옵니다!"

친구들은 두근거리는 마음으로 마지막 미션을 기다렸어요.

통영

통영은 경상남도 남해안에 자리 잡은 도시예요. 임진왜란 당시 한산도 대첩이 벌어진 곳이며, 1600년대 삼도수군통제영이 이곳으로 옮겨 온 후 군사 기지로 발전하였지요. 여러 면에서 이순신 장군과 인연이 깊은 도시로 통영 이전에는 이순신 장군의 호를 따 충무시라는 이름으로 불렸어요. 오늘날의 이름인 통영은 삼도수군통제영의 이름을 따서 지었지요.

통영 바닷가의 거북선 모형. 통영 곳곳에서 이순신 장군의 흔적을 찾을 수 있어요.

인물의 이름이 들어간 지명을 알아보아요!

세종로 (서울특별시 종로구)

세종로는 태조 이성계가 한양을 건설할 때 처음 생겨난 대로예요. 우리나라의 정치, 역사, 문화의 중심지로 조선의 임금 중 가장 큰 업적을 세운 세종 대왕의 이름을 따 그 뜻을 기리고 있지요. 조선 시대에는 나라의 중요한 일을 맡은 기관인 6조와 한성부가 길 양쪽에 자리해 육조거리로 불렸답니다. 현재도 주요 정부 기관들이 위치해 있어요. 세종로 사거리에는 해태 석상이 세워져 있고, 서울특별시와 전국 각 도시의 거리를 비교하는 도로 원표가 있어요.

> 여기는 내가 잘 알지! 이쪽은 광화문, 저쪽은 이순신 장군 동상이 있어.

> 우아, 여기가 옛날 육조거리였다니!

> 와~ 세종 대왕님!

> 한반도의 중심!

> 자주 봤는데 그건 몰랐네!

명성로 (경기도 여주시)

경기도 여주시에 있는 도로 이름이에요. 조선의 마지막 국모인 명성 황후의 이름을 따서 지었지요. 명성 황후는 고종의 부인으로 총명하고 나랏일에도 관심이 많았어요. 조선이 발전하려면 다른 나라와 교류해야 한다고 생각했기 때문에 흥선 대원군과는 사사건건 다툼을 벌였지요. 명성 황후는 러시아와 청나라의 힘을 이용해 일본에 맞서려고 했어요. 그러다 일본이 보낸 자객들에게 비참한 죽음을 당하고 말았답니다.

퇴계로 (서울특별시 종로구)

퇴계로는 서울역에서 광화문 인근에 이르는 길로, 조선 시대 대표적인 학자인 이황의 호를 따서 지었어요. 1945년 우리나라에서 일본이 물러난 뒤, 나라에서 지명을 새로 정할 때 곳곳에 훌륭한 학자나 장수 이름을 사용했답니다. 대한민국에 대한 긍지를 높이기 위해서였지요. 경상북도 안동시에도 같은 이름의 길이 있어요. 이황의 제자들이 세운 도산 서원 앞길을 부르는 이름이지요. 이황은 천 원 지폐 속 주인공이기도 하답니다.

율곡로 (서울특별시 종로구)

율곡로는 퇴계 이황과 함께 조선 시대를 대표하는 학자인 율곡 이이의 호를 딴 도로예요. 이곳에서 이이가 살았기 때문에 붙인 이름이지요. 이이는 신사임당의 아들로 무척 똑똑해서 아홉 번이나 장원 급제를 했어요. 임진왜란이 일어날 무렵, 나라가 위기에 처할 것을 짐작하고 10만 명의 군사를 키워야 한다고 주장했답니다. 율곡 이이의 생가인 강릉시 오죽헌 앞에도 같은 이름의 도로가 있답니다. 이이는 오천 원 지폐 속 주인공이기도 하지요.

해운대 (부산광역시 해운대구)

해운대는 통일 신라 시대 유명한 학자인 최치원의 어린 시절 이름을 따서 지었어요. 바다 해, 구름 운, 즉 '바다 구름'이라는 뜻이지요. 어려서부터 똑똑했던 최치원은 열두 살에 당나라로 유학을 떠나, 그곳에서 과거에 급제하고 벼슬을 받을 만큼 대단한 학자였어요. 고국으로 돌아와 나라를 위해 일하고 싶었지만, 벼슬아치들은 최치원을 못마땅하게 여겼답니다. 신분도 낮은데다, 개혁안을 제시하며 자신들에게 대항했기 때문이지요. 결국 최치원은 벼슬길을 버리고 산속에 들어가기로 했어요. 가야산으로 가는 길에 부산 바닷가에 들른 최치원은 소나무와 백사장이 어우러진 이곳 경치에 감탄해 해변 앞 동백섬 바위에 '해운대' 석 자를 새겼어요. 그 뒤로 이곳 바닷가는 해운대로 불리게 되었답니다.

토정동 (서울특별시 마포구)

토정동은 조선 시대 학자인 이지함의 호를 딴 지명이에요. 이지함은 역학과 천문, 수학 등 다양한 분야의 학문을 공부한 기인으로 알려져 있는데, 《토정비결》이라는 책으로 유명해요. 《토정비결》은 일 년의 운세를 보고 해석하는 내용으로, 해마다 새해가 되면 많은 사람들이 《토정비결》을 보곤 했지요. 이지함 선생은 백성들이 해마다 좋은 운세를 점치며 희망을 갖기를 원했답니다. 이지함은 재산과 권력에 욕심이 없어 낡은 베옷을 입고 다녔고, 마포 나루터에 흙을 쌓아 지은 움막에서 지냈어요. 그래서 호를 토정(흙 토, 정자 정)이라고 지었대요.

김삿갓면 (강원도 영월군)

'김삿갓'으로 유명한 조선 시대 방랑 시인 김병연의 집과 무덤이 있어 생긴 이름이에요. 김병연은 어려서부터 시를 잘 지었는데, 홀어머니의 바람대로 과거 시험에서 장원 급제를 했지요. 시험에서 홍경래의 난 때 싸움을 포기하고 항복한 사람을 비난하는 글을 써서 장원을 하였는데, 알고 보니 그 사람이 김병연의 할아버지였답니다. 큰 충격을 받은 김병연은 할아버지를 욕보이는 글로 장원을 한 것에 부끄러워하며 그때부터 큰 삿갓에 지팡이를 짚고 조선 팔도를 떠돌며 인생에 대한 수많은 시를 남겼답니다.

콩쥐팥쥐로 (전라북도 김제시~전주시 완산구)

전라북도에 있는 도로 이름으로 〈콩쥐팥쥐〉 설화의 배경이 된 지역이어서 붙여진 이름이에요. 이야기는 조선 시대 전주 서문 밖 30리 부근에 살던 퇴직한 관리 최만춘으로부터 시작되어요. 최만춘은 아내 조씨와 결혼한 지 20여 년 만에 콩쥐란 딸을 낳았는데, 아내는 100여 일 만에 세상을 떠나고 과부 배씨를 아내로 맞이하지요. 새어머니는 자기가 낳은 딸인 팥쥐만 감싸고 콩쥐는 몹시 미워하며 어려운 일을 시켰어요. 하지만 콩쥐는 두꺼비와 새 떼 등의 도움을 받아 일을 해결하지요. 이렇게 지명이나 도로명은 그 지역에서 전해지는 이야기에서 따오기도 한답니다.

대륙의 이름, 국가의 이름은 어떤 이야기를 담고 있을까요? 우리나라 지명의 유래처럼 세계 곳곳의 지명도 자연환경의 특징, 오래된 역사, 아름다운 이야기를 품고 있답니다. 아메리카 대륙은 언제부터 그 이름으로 불리게 되었을까요? 그리스의 수도 아테네는 왜 그 이름을 갖게 되었을까요? 함께 알아보아요!

비행기 타고 네덜란드로!

"아얏! 네 얼굴만 꼬집으면 됐지, 왜 내 얼굴까지 꼬집는 거야?"

어수선이 왕순남에게 짜증 내는 소리가 공항을 쩌렁쩌렁 울려요.

양볼을 얼마나 꼬집어 댔는지 왕순남은 이미 두 뺨이 벌에 쏘인 것처럼 발갛게 부풀어 올랐어요.

"믿기지 않아서 그래. 마지막 미션이 '네덜란드'라니! 게다가 네덜란드에 직접 가서 지명 유래 맞히기를 한다니! 오 마이 갓! 이게 실제 상황이야?"

"맞아, 맞고! 그래서 지금 우리는 공항에 왔어. 여기까지 모두 다 사실! 그러니 똑같은 말 좀 그만 물어 봐!"

노천재도 몇 번이나 같은 말을 묻는 왕순남에게 지쳤나 봐요.

"너무 좋아서 그러지."

왕순남은 슬쩍 눈물까지 보였어요.

"생각해 봐! 어수선 너는 제주도도 다녀왔고, 노천재랑 곽나리는 심지어 두 번이나 해외여행을 다녀왔다면서! 하지만 나! 왕순남이 비행기를 타는 건 처음 있는 일이라고!"

그때, 공항 안내 방송이 들렸어요.

아이들은 누가 시키지도 않았는데 모두 입에 집게손가락을 세우며 안내 방송에 귀 기울였어요.

"KN575 비행기, 네덜란드 현지 사정으로 이륙 시간이 두 시간 늦어지겠습니다."

대합실에 있던 사람들은 모두 안타까운 한숨을 쉬었어요. 어수선과 친구들도 그랬어요.

"두 시간쯤이야 기다릴 수 있지. 난 이틀을 기다리라고 해도 참을 수 있어!"

왕순남은 비장하게 양 주먹을 쥐어 보였어요. 하지만 남은 시간을 뭘 하며 보낼지 막막하기는 마찬가지였지요. 그때 곽나리가 좋은 제안을 했지요.

"우리 할 일도 없는데, 미션을 미리 풀어 보는 건 어때? '네덜란드'는 왜 '네덜란드'라고 불리게 되었을까?"

친구들은 반가운 얼굴로 고개를 끄덕였어요. 이제 시낭 유래 찾기라면 누구보다 잘할 자신이 생겼으니까요.

그때, 삐빅! 삐빅! 스마트워치가 울렸어요.

"어? 도착도 안 했는데, 벌써 힌트가 온 거야?"

멍파고는 고개를 절래절래 흔들었어요.

"어머나, 멍파고! 감동이야!"

친구들은 단서를 보고, 열심히 도전을 시작했지요.

"정답! 땅이 하늘보다 낮다!"

"으이그, 당연히 땅이 하늘보다 낮지. 정답! 산보다 낮다!"

"으이그, 땅이 산보다 낮은 건 당연하잖아!"

멍파고의 힌트 때문에 친구들은 더 혼란스러운 모양이에요.

"좀 더 파격적인 걸 생각해 봐."

그때, 곽나리가 외쳤지요.

"알겠다! 바다보다 낮다!"

"바다보다 낮다고? 뭐야, 무슨 해저왕국이냐?"
"딩동댕! 정답이야! 네덜란드는 땅이 바다보다 낮아."
"엥? 그럼 사람들은 어떻게 살아?"
"멍! 걱정 마. 땅 위에서 집도 짓고, 농사도 지으며 잘 살고 있으니까. 바닷물이 육지로 넘치는 곳에 둑을 쌓아 육지를 넓혔거든. 육지에는 수로를 많이 만들어서 물이 잘 빠지도록 만들었지. 네덜란드의 상징인 풍차도 사실 물을 퍼내기 위해 만든 거란다."
"우아, 정말? 사람들이 땅을 만든 거네!"
"그렇지. 그래서 신은 사람을 만들고 사람은 네덜란드를 만들었다는 말도 있대."

네덜란드는 수백 년 동안 사람의 힘으로 바다를 메워 무려 나라 전체의 4분이 1이 넘는 땅을 새로 만들었어요. 친구들은 네덜란드 사람들의 노력에 놀라움을 감출 수 없었지요.

"그렇게 힘들게 만든 땅을 예쁜 튤립과 풍차로 가득한 동화 속 나라처럼 만들었다니, 감동이야!"
"저, 그런데 말이야, 그게 네덜란드라는 이름이랑 무슨 상관이지?"
"자, 그건 비행기 속에서 잘 생각해 보자! 일단 비행기 타러 고고!"

어수선과 친구들의 마지막 미션, 성공할 수 있겠죠?

드디어!

네덜란드

네덜란드는 서유럽에 위치한 나라로 독일, 벨기에에 잇닿아 있어요. 국토의 4분의 1이 바다의 높이인 해수면보다 아래에 있는 낮은 땅이에요. 네덜란드 사람들은 좁은 국토 면적을 조금이라도 넓히기 위해 바다 곳곳에 높은 댐과 둑을 쌓아 바닷물을 막고 그곳을 메워 육지로 만들었어요. 그러니까 전체 땅에서 4분의 1 넘는 곳이 이렇게 바다를 메워 얻은 땅이지요. 네덜란드에서 가장 높은 산은 해발 321미터랍니다. 세계에서 가장 낮은 땅으로 알려진 네덜란드는 그 이름 그대로 '낮은'이라는 뜻의 'Neder', 땅을 뜻하는 'Lands'가 합해져 '낮은 땅'이라는 뜻으로 지어졌어요.

네덜란드의 상징인 풍차는 바람의 힘을 이용해 동력을 얻는 기구예요. 곡식을 빻거나 물을 퍼 올리는 데 사용되지요.

'땅'으로 끝나는 나라 이름

유럽 국가들 중에는 '땅'이란 뜻의 'land'가 붙는 이름이 많아요. 아일랜드, 잉글랜드(영국), 스코틀랜드, 네덜란드, 아이슬란드, 폴란드, 핀란드, 도이칠란트(독일) 등이 있지요.

'땅'이란 의미로 'ia', 'cia'를 쓰는 나라도 많답니다. 오스트리아, 루마니아, 슬로바키아, 불가리아, 우크라이나, 이탈리아, 에스파냐 등이지요.

나라 이름에 'stan'이란 말이 들어간 나라들은 중앙아시아 부근에 모여 있어요. 산스크리트어나 페르시아어인 'stanam'에서 나온 말로 '땅, 사람이 사는 곳'이라는 뜻이에요. 카자흐스탄, 키르기스스탄, 우즈베키스탄, 투르크메니스탄, 파키스탄, 아프가니스탄, 타지키스탄 등 7개 나라로, 이슬람교를 믿는 사람들이 많아요.

자연환경에서 유래한 나라 이름

땅의 방향이나 높이, 자연환경 등에서 유래한 나라 이름도 많아요. 노르웨이(Norway)는 옛 노르만어로 '북쪽 항로(Norreveg)로 가는 곳에 있는 나라'라는 뜻이고, 오스트레일리아(Australia)는 라틴어로 남쪽을 뜻하는 말인 'australis'에서 유래했어요.

앞에서 보았듯이 네덜란드(Netherland)는 '낮은 땅'이라는 뜻으로 많은 지역이 해수면과 비슷하거나 낮기 때문에 생긴 이름이에요. 이라크(Iraq)도 아랍어로 '낮은 땅'이라는 뜻인데 티그리스강, 유프라테스강이 지나는 넓은 평야에 자리하고 있답니다. 히말라야산맥에 있는 부탄(Bhutan)은 반대로 '높은 땅'이라는 뜻이지요.

그 밖에 유럽 북서부의 섬나라 아이슬란드(Iceland)는 아이슬란드에 가장 먼저 이주해 간 사람이 이곳에서 겨울을 난 후 '얼음의 땅'이라 부른 데서 유래한 이름이에요. 아이티(Haiti)는 인디언 말로 '산이 많은 나라', 폴란드(Poland)는 중세 독일어로 '평원(pol)의 땅'이라는 뜻이지요.

옛이야기에서 유래한 세계의 지명

유럽

신들의 왕인 제우스는 페니키아의 공주인 에우로페에게 한눈에 반했어요. 제우스는 흰 소로 변신해 에우로페에게 접근한 다음, 등에 태우고는 그리스 크레타섬까지 달렸어요. 그리고 그곳에서 제 모습으로 변해 공주에게 청혼했답니다. 제우스가 지나간 지역에 있는 나라들을 통틀어 유럽이라고 해요. 에우로페 공주의 이름을 따서 부른 거지요.

아마존강

한 탐험가가 황금을 찾아 남아메리카의 정글을 찾았어요. 그는 이곳에서 용맹스러운 여전사 부족을 만났는데, 그들의 모습은 마치 그리스 신화에 나오는 여자 전사 부족 아마조네스 같았지요. 이후 이들이 사는 마을은 아마조니아로 불리기 시작했고, 이 일대를 흐르는 세계 최대의 강 이름은 아마존이 되었어요.

아테네

먼 옛날, 한 도시를 두고 전쟁과 지혜의 여신 아테나와 바다의 신 포세이돈이 서로 다투었어요. 아테나는 이곳 사람들에게 올리브 나무를 주었고, 포세이돈은 샘물을 주었지요. 짠물이 나오는 샘물보다 올리브가 인간에게 유익하다고 판단한 신들은 이 도시를 아테나 여신에게 맡겼답니다. 이 도시가 바로 오늘날 그리스의 수도인 아테네예요.

하롱베이

아주 먼 옛날, 중국이 베트남에 쳐들어갔어요. 그때, 하늘에서 용 한 마리가 내려와 중국 군대를 물리쳤대요. 용은 구슬과 보석을 뿜어 대며 바다에 떨어뜨렸는데, 이것들은 갖가지 모양의 섬이 되었답니다. 하롱베이는 삼천여 개의 크고 작은 섬으로 이루어진 곳이에요. '하'는 내려온다는 뜻이고, '롱'은 '용'이라는 뜻이지요. 베이는 바다가 육지 쪽으로 들어와 있는 '만'을 뜻해요.

사람 이름에서 유래한 세계의 지명

아메리카

탐험가 크리스토퍼 콜럼버스는 인도로 가는 새로운 항로를 개척하고 있었어요. 긴 항해 끝에 한 대륙에 도착했는데, 그는 이곳이 바로 인도라고 생각했지요. 하지만 그곳은 인도가 아닌 새로운 대륙이었답니다. 이후 이 새로운 대륙을 조사한 아메리고 베스푸치는 《신세계》라는 책을 냈고, 그 뒤로 사람들은 아메리고의 업적을 기념하며 이 대륙을 '아메리카'라고 부르기 시작했답니다.

필리핀

포르투갈 출신의 탐험가 마젤란은 에스파냐 왕의 후원을 받아 아시아로 떠났어요. 한 섬에 도착한 마젤란은 원주민과의 전투 끝에 목숨을 잃었지요. 이후 에스파냐는 이 섬을 식민지로 삼고 필리핀이라 불렀어요. 당시 에스파냐 황태자의 이름인 '펠리페 2세의 땅'이란 뜻이었지요. 이후 필리핀은 미국와 일본의 식민지가 되었다가 1946년에야 독립을 이뤘답니다.

볼리비아

남아메리카에 자리한 볼리비아는 '볼리바르의 나라'라는 뜻을 담고 있어요. 잉카 제국의 영향을 받던 이곳 사람들은 에스파냐의 침략으로 오랫동안 고달픈 생활을 견뎌야 했어요. 남아메리카 곳곳에서 독립의 기운이 일어나면서 마침내 1825년 독립을 이루었지요. 이때 독립 영웅인 시몬 볼리바르의 이름을 따 나라 이름을 정했답니다.

사우디아라비아

사우디아라비아는 아라비아반도 대부분을 차지하고 있는 나라예요. 사우드 가문이 지배하는 왕정 국가이지요. 1922년 오스만 제국으로부터 처음 독립하였고, 1932년에 지금의 영토를 갖게 되었어요. 이때 '사우드 가문의 아랍 왕국'이라는 뜻의 사우디아라비아라는 이름을 갖게 되었지요.

얘들아, 안녕! 어수선이야.

저 뒤에 있는 풍차 보이지? 실제로 보니 엄청 커!

네덜란드라는 이름에 담긴 비밀은

도착한 첫날, 단숨에 풀었단다.

아무튼 이번 지명 탐험에 함께해 줘서 고마워.

이번 탐험을 통해 느낀 점을 묻는다면,

난 이렇게 말하고 싶어.

"지명을 알면 세상이 달리 보인다!"

하하, 좀 뻔한 말이지만

이젠 낯선 곳에 가더라도 지명만으로

그 지역의 역사와 문화를 짐작할 수 있을 것 같아.

수많은 사람들의 삶이 켜켜이 쌓인 땅,

그리고 그 의미를 고스란히 간직한 지명!

앞으로도 지명에 담긴 재미있는 이야기들을

하나둘 함께 알아 나가자!

초판 1쇄 발행 2022년 3월 3일
초판 4쇄 발행 2025년 1월 20일

글	류혜인
그림	이진아
편집	전현정
디자인	상상이꽃처럼
제작	박천복 김태근 고형서
펴낸이	김경택
펴낸곳	(주)그레이트북스
등록	2003년 9월 19일 제313-2003-000311호
주소	서울시 구로구 디지털로31길 20 에이스테크노타워5차 12층
대표번호	(02) 6711-8673
홈페이지	www.greatbooks.co.kr
ISBN	978-89-271-0632-6 74700
	978-89-271-9246-6(세트)

※ 이 책은 저작권법에 따라 보호받는 저작물이므로 무단전재와 무단복제를 금합니다.

사용연령 8세 이상 **제조국** 한국
주의사항 책장에 손이 베이거나 책 모서리에 다치지 않게 주의하세요.
KC마크는 이 제품이 공통안전기준에 적합하였음을 의미합니다.